PROPAGANDE RÉPUBLICAINE

CAHIER D'UN PAYSAN

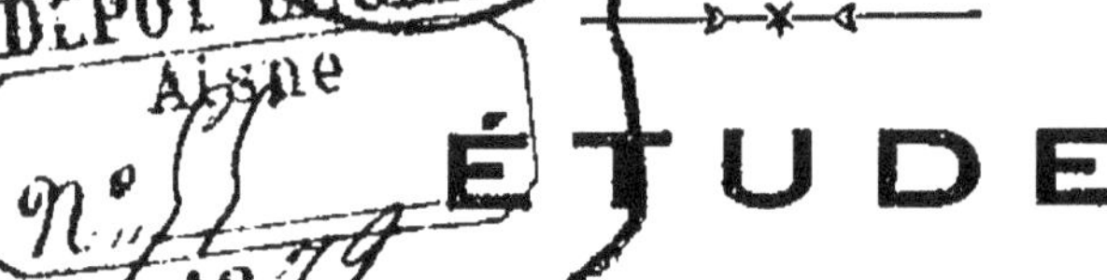

ÉTUDE

SUR LA

CONSTITUTION POLITIQUE
DE LA FRANCE

PAR

ALFRED DESMASURES

NOUVELLE ÉDITION

Revue et Augmentée.

PARIS

<table>
<tr><td>DÉCEMBRE-ALONNIER</td><td>André SAGNIER</td></tr>
<tr><td>ÉDITEUR</td><td>ÉDITEUR</td></tr>
<tr><td>20, rue Suger, 20.</td><td>7, carrefour de l'Odéon.</td></tr>
</table>

PRIX : 20 CENTIMES

T. 57

La faveur avec laquelle a été accueillie la première édition de cette brochure m'engage à en faire paraître une seconde. Celle-ci verra le jour dans un moment meilleur que son aînée : en même temps que l'on en finissait le tirage, à Saint-Quentin, cette ville patriotique et démocratique par excellence était envahie. Alors commençait pour elle le long martyre que lui ont fait subir les armées étrangères.

Quelles furent les causes de nos souffrances d'alors, de celles actuelles ? Notre désorganisation nationale. Nous reconnaissons bien aujourd'hui ce qu'elle a de mauvais, mais cela ne suffit pas, il faut reconstituer, rebâtir, donnons nos plans et agissons, afin que notre organisation puisse résister aux tempêtes futures.

CAHIER D'UN PAYSAN

ÉTUDE

SUR

LA CONSTITUTION POLITIQUE

DE LA FRANCE

PAR Alfred DESMASURES

Je suis né dans une ferme située sur les hauts plateaux des sources de l'Oise, plateaux habités autrefois par ces Nerviens de la forêt des Ardennes que les Romains ne purent jamais soumettre entièrement. Toujours, d'un côté ou de l'autre, s'est montrée l'énergie patriotique de la race. Là s'est fait sentir le plus vivement la résistance aux Césars. Là se sont établies les premières communes. Sous les chênes et les hêtres se sont fait les prêches de la réforme. Là les volontaires de 92 ont défendu la frontière et la liberté.

Des prairies naturelles bordent les cours des nombreux ruisseaux qui aboutissent à l'Oise. La forêt enserrait autrefois le terroir des villages, ce qui fait que la principale occupation des enfants pendant les beaux jours était de soigner les troupeaux. Nous étions tous pâtres pendant une partie de l'été et nous allions à l'école pendant l'hiver et le printemps. Notre véritable école était cependant celle des champs. Quelquefois, le long des bois, à l'ombre des charmes touffus, auprès des animaux ruminants, un livre à la main, les temps passés venaient frapper notre imagination. Nous y étions aussi en automme, quand le vent emporte les feuilles jaunies et que les oiseaux voyageurs passent allant dans de plus chauds climats. Nous écoutions les coassements, nous rêvions au passé. Nous étudiions et comparions. Un tronc d'arbre, une butte de terre, un rocher nous servait de pupitre. Nous cherchions à fixer nos pensées en français, sur le papier, ce qui dans ce temps était difficile, attendu que l'on ne parlait dans le pays que le patois.

Quoique très jeune encore en 1847, nous étions déjà quelques républicains. Nous étions arrivés naturellement par la réflexion à la démocratie. Nous espérions la révolution ; dans les premiers jours de 1848, elle arriva. Il est impossible de dire combien il en fut ressenti de joie, elle n'était pas née comme celle de 1870, au milieu des plus grandes angoisses patriotiques. Pendant le printemps de cette année, il nous semblait que les hommes étaient devenus meilleurs, que les fleurs des bois et des prairies avaient des parfums plus doux. Tous les membres de la grande famille humaine allaient vivre en frères ; les cœurs ne pourraient suffire à tant aimer.

Juin désillusionna et montra combien il est dangereux de se laisser abuser au début et la nécessité de défendre les droits de la nation et des citoyens, en réprimant les menées réactionnaires comme les menées anarchiques, les unes et les autres étant également dangereuses.

C'est en suivant attentivement les débats de la Constituante que j'ai fait cette étude sur la constitution politique de la France.

Notre édifice politique doit être transformé. Le passé a montré qu'il n'était qu'une ruine ne pouvant plus abriter la nation ; puissent les quelques grains de sable ramassés péniblement être utiles aux constructeurs de l'édifice à venir.

I.

Une nation est une association libre de citoyens habitant une même contrée et par cela devant avoir communes des institutions politiques. Le pacte fondamental doit donc commencer par dire quels sont les membres de la nation.

LA NATION.

Article 1er. *Sont membres souverains de la nation tous les Français âgés de plus de 20 ans.*

Les citoyens ont le droit de jouir de leur souveraineté à vingt ans, puisqu'à cet âge on leur impose le devoir viril de défendre la patrie. Leur volonté doit peser sur les destinées de la nation, destinées auxquelles ils ont le principal intérêt.

Article 2. *Tous les membres valides de la nation doivent connaître le maniement des armes et peuvent être appelés à défendre le sol de la patrie. Le service militaire en temps de paix est volontaire.*

Ce qui vient de se passer a prouvé la nécessité de donner à chaque citoyen une arme et de lui enseigner la manière de s'en servir. Une nation armée est invincible, une armée permanente peut être vaincue par l'incapacité de ses chefs et laisser sans défense ceux qu'elle protégeait. Il ne doit y avoir de permanent que les armes spéciales, artillerie, génie, qui ne se recruteraient que volontairement et ne seraient composées que de soldats ayant certaines aptitudes. Les armées permanentes n'existant plus, le budget des dépenses peut être diminué d'un quart.

Dans l'organisation actuelle des armées, on s'est proposé d'atteindre trois buts :

1o Faire de l'armée un instrument de défense du monarque et de sa dynastie contre la nation opprimée ;

2o Faire de l'armée une force inconsciente et brutale pour conquérir ;

3o Faire de l'armée un faisceau patriotique de citoyens pour défendre la nation et faire respecter sa volonté.

Les deux premiers buts ont été ceux du gouvernement passé. Buts iniques qui ne peuvent être atteints qu'en produisant d'épouvantables malheurs dont le peuple est victime.

Le dernier but est celui de toutes les nations libres comme doit l'être la France. Le respect que la nation armée inspirera aux peuples voisins peut suffire pour lui faire recouvrer ses provinces enlevées.

Le législateur doit faire accorder, dans l'organisation armée de la nation, deux choses qui ne paraissent que superficiellement inconciliables, le respect du droit des citoyens et le devoir de

sacrifier même, son existence pour le salut public.

Il faut, au point où nous en sommes, que la défense coûte peu et qu'elle soit aussi formidable
qu'il nous sera possible ; qu'elle retire le moins
de temps le fils de la famille, l'ouvrier de l'atelier
et le cultivateur de la charrue.

Le premier article de la loi de la défense nationale serait la consécration de l'article 2 de la
Constitution.

Article 1er. Tous les membres valides de la nation font partie de l'armée française.

Art. 2. Cette armée est divisée en premier ban,
dit ban d'instruction, composé des citoyens valides de 19 à 21 ans.

Second ban composé des citoyens valides de 21
à 30 ans.

Troisième ban composé des citoyens valides de
30 à 45 ans.

Garde nationale composée des citoyens valides
âgés de plus de 45 ans.

Les armes spéciales seront recrutées par enga-
gements volontaires dans le premier, deuxième et
troisième ban.

Art. 3. Les conscrits du premier ban seront en-
voyés dans des écoles militaires, créées dans les
camps retranchés, formés pour la défense du
territoire ; il leur sera enseigné, chaque jour non
férié, au moins pendant 8 heures : 1º les sciences
militaires ; 2º les autres sciences : histoire nationale, géographie, arithmétique, géométrie, et aux
illettrés, lecture et écriture. Des cours seront
faits à ceux qui désireront obtenir une instruction supérieure ; 3º le maniement des armes.

Art. 4. Ils exécuteront des travaux militaires,

selon l'état auquel ils se destinent. A moins de danger d'invasion, les conscrits seuls ayant reçu pendant un an l'instruction militaire ne pourront être admis dans l'armée active.

Art. 5. Tous les citoyens valides devront recevoir l'instruction pendant la dix-neuvième année. Les exemptions pour la seconde année seront celles qui sont actuellement déterminées par la loi. Tous les conscrits passeront en congé le premier mois de la seconde année.

Art. 6. L'instruction militaire pendant la seconde année sera continuée comme pendant la première avec cette différence que les soldats pourront être appelés à faire le service des places fortes.

Il ne leur sera déduit du temps qu'ils devront consacrer à l'instruction que celui employé à ce service.

Art 7. Les citoyens appartenant aux deuxième et troisième bans resteront en temps de paix dans leurs foyers. Trente jours de l'année seront consacrés par eux au service militaire. Les grades dans le premier et second ban seront donnés aux plus méritants, et en temps de paix après concours. Dans le troisième ban et dans la garde nationale, les chefs seront élus. L'artillerie sera dans la proportion de 1 à 20 du contingent de l'armée. Il sera fait un recensement des chevaux reconnus propres au service militaire. Leurs propriétaires devront prévenir l'autorité des ventes, échanges ou mort de ces chevaux. En cas d'invasion, ces chevaux seront mis à la disposition du gouvernement et payés sur estimation d'experts ou rendus au propriétaire en payant la moins value.

Le gouvernement aura ainsi constamment sous la main tous les chevaux qui lui seront nécessaires.

Nos défaites ne sont pas dues à la supériorité du soldat prussien, les causes sont : notre manque d'artillerie, notre manque d'armes, notre faiblesse numérique, notre manque d'instruction militaire, notre manque d'organisation, l'incapacité ou le défaut de patriotisme de quelques chefs, l'abaissement du caractère national devant celui qui finit à Sedan.

L'outrecuidance des hommes de l'Empire ne leur a jamais permis de voir notre état réel, le peuple n'a jamais pu le connaître ; d'ailleurs, on avait peur d'armer le peuple.

L'armée prussienne a dû principalement sa supériorité à la profonde incapacité de Napoléon III. comme commandant en chef, et, plus tard, après sa chute, à l'ascendant que lui donnait ses victoires. Avant la guerre, une partie de la landwehr et toute la landsturm n'existaient que sur le papier, mais leur organisation bien préparée a pu être exécutée immédiatement.

L'armée allemande porte un germe qui sera la cause de grands malheurs pour la nation allemande : n'ayant pas le contre-poids d'institutions démocratiques, au lieu de défendre les intérêts de la nation, elle peut n'être qu'un instrument entre les mains d'un ambitieux incapable ou malheureux et par cela être brisée. Après ce que l'Allemagne a imposé aux nations qu'elle a vaincues, quel terrible cataclysme pour elle !

Art. 8. Aucune exonération du service militaire ne pourra avoir lieu. Les citoyens faisant partie actuellement des 2e et 3e bancs qui ne pourront justifier de connaissances militaires suffisantes seront astreints à des exercices d'au moins douze heures par semaine, jusqu'au moment où ils auront reçu cette instruction.

Pour qu'une nation soit réellement forte, il faut que chaque citoyen en supporte les charges. L'homme désintéressé personnellemont d'une action s'y engage plus témérairement. Quand nous serons convaincus de la gravité du vote que nous donnons pour nommer ceux entre les mains desquels nous remettons tout notre avenir, nous irons au scrutin comme de vrais citoyens. Nous sentirons que l'or seulement ne pourra pas réparer un moment de faiblesse.

III

Art. 3. Seuls, les individus snbissant une peine infamante seront privés pendant ce temps de leur droit de membre de la nation.

On a fait de nombreuses lois sur les incapacités électorales sous prétexte de relever la dignité du suffrage universel. Si vous voulez qu'une chose soit sacrée, respectez-la !

Pour donner un caractére plus indélébile à la loi, on l'écrit, de nos jours, sur le vélin, anciennement on la gravait sur la pierre, sur l'airain. Pour la faire respecter on édictait des peines terribles ; on la consacrait dans le sang, tout cela ne servait qu'à la rendre plus odieuse quand elle n'avait pas le droit pour base. Le seul endroit où la loi puisse être écrite pour qu'elle soit sacrée, c'est la conscience humaine.

La loi est le pacte des membres de la société nationale ; où ceux qui font la loi peuvent puiser leur droit de dépouiller les citoyens de leur souveraineté ? Un membre viole le pacte, il en subit la peine. Mais après, s'il ne recouvre pas ses droits, s'il est expulsé de la société, il lui semble qu'il ne doit rien à la société. C'est un tort que d'invoquer contre lui son indignité. L'homme le plus honnête dans un moment de faiblesse peut-commettre un crime. Le plus criminel peut, par la force de sa volonté, redevenir un honnête homme. Si la société met un individu hors de son sein, elle n'a plus le même droit de le frapper.

La souveraineté étant un droit : Que le citoyen soit instruit ou ignorant, son droit existe. Il vaudrait mieux qu'il soit instruit et il faut l'instruire. Il y a instruction et instruction. Est-ce que le volontaire de 92 qui ne savait que lire et écrire imparfaitement n'était pas plus digne de faire un citoyen qu'un lettré indien, ou un lettré de l'ex-cour.

La souveraineté nationale est la base de tout notre ordre social, respectons la base, si nous voulons que l'édifice soit solide.

Art. 4. L'organisation nationale est divisée en organisation législative, en organisation administrative et en organisation judiciaire.

Il est utile de bien distinguer chaque pouvoir. Leur confusion est une cause de désordres dont peuvent profiter de mauvais administrateurs aux dépens des citoyens.

I.

Organisation législative.

Art. 5. Le pouvoir législatif est exercé : 1° par une Assemblée nationale, élue pour trois ans au scrutin de liste par département, à raison d'un député par 50,000 habitants. L'Assemblée renouvelée par tiers tous les ans dès la deuxième année de la législature; 2° le pouvoir législatif est encore exercé par tous les membres de la nation.

Tous les citoyens ne pouvant s'unir au même endroit pour légiférer doivent nécessairement nommer des délégués.

Cette assemblée de délégués doit être composée du plus grand nombre de membres qui puissent convenablement former une réunion. La Constituante de 89 comptait un membre par vingt-cinq mille habitants.

Les élections par tiers permettraient à la nation d'exprimer sa volonté chaque année, sans crainte de ces secousses brusques causées par un changement complet de gouvernement, changements dont la peur cause une si grande réaction dans les populations industrielles et commerciales. Les élus renouvelés par tiers, chaque année, c'est le progrès continuel et la stabilité.

Le scrutin de liste est nécessaire pour les élections dont il vient d'être parlé. Le scrutin par circonscription divisait la France en parcelles où la corruption s'introduisait facilement. Par le scrutin de liste, cette corruption ne peut s'exercer sur tout un département. L'élection des législateurs reste toujours ce qu'elle doit être : celle de mandataires auxquels sont confiés, non les intérêts d'un arrondissemont, mais ceux de toute la nation.

Il y aurait à ajouter au projet de Constitution un article que l'on n'aurait jamais cru nécessaire de proposer.

L'Assemblée nationale siége dans la capitale de la France, à Paris.

Une assemblée nationale doit être la pensée de la nation. La pensée a pour siége naturel le cerveau. C'est là que se trouvent les organes qui, après avoir reçu les sensations du dehors, forment la pensée qui constitue l'action. Paris est le cerveau de la France. C'est là nécessairement que doit se trouver l'Assemblée qui représente la pensée nationale.

Mettre la législation en dehors de Paris, c'est faire ressembler la nation à un individu qui n'entendrait ni ne verrait, enfin, qui ne recevrait aucune sensation du dehors avant d'agir et qui n'aurait que celles du passé.

Il a été question de faire nommer le pouvoir législatif par les conseils généraux. Le pouvoir législatif doit toujours émaner du peuple, et non de n'importe quel corps administratif ayant sa mission spéciale, et qui en en remplissant une autre ne ferait qu'usurper la souveraineté des membres de la nation.

Article 6. L'Assemblée nationale propose à la nation les changements constitutionnels, les déclarations de guerre ; elle vote le budget national, elle fait et promulgue les lois, nomme tous les ans le président du pouvoir exécutif qui, d'ici à un demi-siècle ne pourra être choisi parmi les membres des familles ayant régné sur la France, lesquels ne pourront, d'ici à ce temps, y occuper aucun emploi ou fonction ; elle nomme les commandants en chef de l'armée et de la marine et les membres de la haute cour de justice.

Les membres souverains de la nation votent les changements constitutionnels, les déclarations de guerre et les déclarations d'union fédérative avec les nations libres et amies.

Il est tout naturel que ceux qui font les lois les promulguent ; il n'y a aucun inconvénient à cela, l'histoire nous prouve quel danger il y a quand le contraire a lieu.

Pour qu'il y ait unité dans les pouvoirs, il est nécessaire que l'Assemblée nomme à toutes les fonctions supérieures des administrations chargées d'exécuter la volonté nationale ; c'est ce qui existe dans plusieurs monarchies constitutionnelles. Il faut que tout dépende continuellement de la nation et non d'un individu ou de plusieurs qui peuvent avoir un jour ou l'autre la volonté d'usurper ses pouvoirs : Il faut se garder surtout de ceux qui, autrefois, les ont usurpés.

La nation doit faire elle-même tout ce qu'elle peut ; c'est pourquoi, elle doit voter tous les changements constitutionnels, et aussi ce qu'il y a de plus grave pour elle : les déclarations de guerre et ceux d'alliance fédérative. Ces alliances bientôt empêcheront la guerre.

La volonté de l'Assemblée a pour correctif, non des plébiscites qui ne sont, selon l'exacte signification du mot, que des manifestations inconscientes de la plèbe, mais des *Décisions nationales* qui pourront toujours être proposées librement par un tiers au moins des mandataires de la nation. *Décisions nationales* discutées en toute liberté et adoptées ou rejetées de même par tous les citoyens.

La nation aura à se prononcer, non plus sur les traités, mais à faire ses déclarations de guerre ou d'alliance fédératives, commerciales ou politiques.

Car malgré les haines nationales causées par les despotes, l'Europe a comme intérêt principal de faire disparaître ces haines. Les despotes seuls vivront des inimitiés qu'ils ont fomentées. Mais nous tous, bourgeois ou ouvriers, si nous oublions que nous sommes des membres de la grande famille humaine, un grand nombre d'entre nous seront encore sacrifiés. Que notre revanche consiste à nous rendre forts en devenant de vrais citoyens, en nous faisant, partout où nous pourrons en trouver, des alliés et non des ennemis. Nous deviendrons forts par les idées justes et utiles que nous représenterons. Nos intérêts seront liés aux intérêts de tous. Nous retrouverons dans le monde l'influence que nous avons perdue en un jour, en oubliant que notre nation représentait le droit et ne devait pas être une force brutale entre les mains d'un conquérant.

II

Article 7. La France est divisée en départements, en cantons et en communes.

La division administrative française doit être maintenue en ce qu'elle a de rationnel. L'arrondissement n'ayant plus de raisons d'être ne doit plus exister. L'organisation cantonale plus appropriée au suffrage universel le remplace.

Nous sommes malheureusement obligés par notre position vis-à-vis de l'Allemagne de vivre sur le qui-vive ; nous pouvons être forcés d'un moment à l'autre de concentrer tous nos efforts. L'organisation provinciale actuellement faite, rendrait cette organisation impossible. En cas de revers, il en pourrait résulter une dissolution nationale.

Article 8. Le chef du pouvoir exécutif nomme :

les Ministres de l'Intérieur, des Travaux publics, de la Défense nationale et de la Marine, du Commerce, des Finances et du Travail et de l'Instruction publique. Il dirige ces administrations collectivement avec les ministres. Ils peuvent être suspendus tous ou individuellement par l'Assemblée nationale et renvoyés devant la haute cour nationale.

Le chef du pouvoir exécutif ne nomme plus de ministre de la Guerre, mais de la Défense nationale, car il ne doit exister dans les pays libres, ainsi que nous l'avons dit, qu'une armée permanente restreinte, composée de volontaires et des citoyens des deux classes qui seraient dans les écoles militaires établies dans les grands camps retranchés et dans les places fortes. Armée formant le noyau de celle de la Défense nationale, composée de tous les citoyens en commençant par les plus jeunes.

Le ministre de la Défense nationale administre l'armée de terre et la flotte de la Défense nationale puisque l'une et l'autre concourent à la protection du pays.

Les ministères des Finances et du Travail sont réunis. C'est ce ministère qui doit s'occuper des questions d'économie sociale.

Le ministère de l'Instruction publique doit être dans ce cabinet l'un des principaux. Il héritera du ministère de la Guerre transformé et du ministère des Cultes aboli. Les Cultes, devant être absolument séparés de l'Etat.

Il n'est plus parlé du ministère de l'Agriculture. Son utilité a été contestée ; son importance est nulle. L'agriculture étant un mode du travail national, ce qui s'y rattache étant du ressort des ministères de l'Intérieur, des Travaux publics, des Finances et du Travail.

Il devrait être bien entendu que les ministres ne pourraient faire partie de l'Assemblée nationale. La dualité de leurs fonctions engendre la plus grande confusion. Le ministre exécute mal ce qu'il a reconnu mauvais comme législateur. Celui qui fait les lois doit s'en occuper exclusivement. Pour qu'un mandat soit bien rempli, il ne faut pas le confier à celui qui est encore chargé d'en remplir plusieurs autres. Celui-là sera payé comme les remplissant tous et sera moins utile que s'il n'en remplissait qu'un.

DÉPARTEMENTS

Art. 9. Les départements sont administrés par une Assemblée composée de conseillers départementaux élus au scrutin de liste par canton, à raison d'un conseiller par 5,000 habitants. Ils sont renouvelés par tiers tous les ans comme les membres de l'Assemblée nationale.

Les décisions de l'Assemblée départementale sont exécutées par un administrateur nommé par le Chef du pouvoir exécutif; cet administrateur est assisté de conseillers départementaux délégués.

L'Administrateur du département n'a à s'occuper, en dehors de ses fonctions d'agent du pouvoir central, que de l'exécution des décisions de l'Assemblée départementale.

La principale innovation introduite dans notre organisation administrative, est celle-ci: *Les conseillers départementaux seront élus au scrutin de liste par canton à raison d'un conseiller par 5,000 habitants,*

Jusqu'ici on a élu un seul conseiller général par canton, ce qui fait qu'il n'y a qu'une partie des intérêts du canton de réprésentée. Un seul conseiller par canton, c'est la même chose qu'un seul député par département ; que si la députation des Basses-Alpes avait la même influence que celle du Nord à l'Assemblée, un conseiller par 5,000 habitants donnerait de 3 à 6 conseillers par canton. Tous les intérêts seraient représentés. Les cantons populeux auraient leur juste part d'influence.

III.

Cantons.

Art. 10. Le canton est administré par une Assemblée cantonale composée de conseillers élus par les communes au scrutin de liste, à raison d'un conseiller par 500 habitants, et au moins un par commune.

L'Assemblée cantonale s'occupe de tous les intérêts cantonaux et fait exécuter ses décisions par les nombreux agents du pouvolr central qui se trouvent dans le canton. L'Assemblée cantonale est oomposée des représentants des moindres hameaux, afin que tous les intérêts de toutes les parties du canton y soient défendus. Cette Assemblée est assez nombreuse pour que tous les citoyens, ouvriers ou bourgeois, désirant s'occuper des affaires publiques, puissent en faire partie. C'est à la commune et au canton que les citoyens s'administrent pour ainsi dire sans délégation.

Les intérêts cantonaux, par les formes anciennes, étaient confiés aux conseils d'arrondissement et aux conseils généraux. Il en résultait que chaque conseiller, ne connaissant bien ou à peu près que son canton, un certain nombre même étant des personnages politiques tout à fait étrangers, délibéraient sur des voies de communication dont ils ne connaissaient pas même le canton de nom. Il s'ensuivait qu'ils devaient s'en rapporter à l'administration centrale ou à leur confrère du canton. Le conseiller général et l'administration avaient donc un pouvoir sans contrôle dans les campagnes, puisque les intérêts opposés à ceux qu'ils défendaient n'avaient aucun représentant.

Les Assemblées départementales, ne délibérant plus que sur ce qui aurait rapport exclusivement aux départements, les intérêts des cantons ne seraient plus sacrifiés.

Art. 11. La commune est administrée par une Assemblée communale, formée de tous les citoyens pour les communes qui ont moins de 100 membres. Il sera élu un membre par 5 électeurs jusqu'à celles formées de moins de 500 citoyens 1 par 10 jusqu'à mille. Cette progression sera suivie pour les communes les plus populeuses. Les Assemblées seront renouvelées par tiers tous les ans. Leurs décisions seront exécutées par trois officiers municipaux nommés par les Assemblées.

La nation ne devant déléguer que le pouvoir qu'elle ne peut exercer, il s'ensuit que les conseils municipaux doivent être composés de tous les membres qui peuvent y assister. Les officiers municipaux chargés d'exécuter les volontés de l'Assemblée communale doivent être nommés directement par elle.

Le maire et le chef du pouvoir excéutif nommés directement par le peuple primeront toujours sur les Assemblées dont ils doivent exécuter les décisions. Leur pouvoir, quoique plus faible, appartenant à un seul au lieu d'être divisé, leur donnera une force supérieure, toujours dangereuse. Dans une nation où le pouvoir personnel a trop longtemps existé, l'ancien pli se reformera naturellement du moment où les institutions le permettront. Le maire a été jusqu'aujourd'hui celui dont la situation sociale a le plus de prépondérance sur la commune ; laissez ce pouvoir tel qu'il existait, le suffrage universel sera obligé de le consacrer comme autrefois.

Un des plus grands dangers serait de former les Assemblées cantonales de maires, surtout de ceux élus par le suffrage universel, ce serait associer tous ces pouvoirs personnels qui se sont imposés par mille moyens dans les communes rurales, pouvoirs qui, par leur résistance à tout progrès, provoqueraient une révolution sociale dont seraient victimes même les citoyens ayant les meilleures intentions pour le peuple.

Il ne faut pas qu'il y ait aucune crainte d'appeler le paysan à la vie administrative, ce qui serait pour lui une initiation à la vie politique. On cherche des hommes parmi nous et les institutions actuelles ne permettent pas que ces hommes puissent se produire.

Le riche bourgeois ou paysan qui habite une commune rurale est conseiller municipal, maire, conseiller général, député : On le ferait de droit conseiller cantonal.

On lui confie tous nos intérêts ; comment pourrions-nous nous en occuper ? Comment pourrions-nous nous administrer nous-mêmes ?

Quand notre administrateur est un égoïste qui n'est arrivé à tous ces postes que pour nous exploiter, nous savons combien il est dangereux de chercher à lui faire abandonner un de ces postes. Il lui en reste toujours d'où il peut se venger de notre incongruïté.

Pour qu'une fonction soit bien remplie, on n'en devrait confier qu'une seule à un citoyen. Tout cumul devrait être défendu.

La commune est, d'après la loi, une mineure, en administration, une incapable. On lui donne comme tuteur un agent du gouvernement, le préfet, qui est trop haut placé et qui a trop de besogne pour s'occuper d'elle sérieusement. Les communes, parcelles de la nation souveraine, n'ont aucune autorité propre, elles en ont moins qu'au XIIe siècle. Cette nation souveraine, quoique assez vieille, ressemble toujours à un enfant emmaillotté. Dix fois elle a brisé ses langes, ce qui prouve qu'elle est de force à marcher toute seule. Qu'elle en ait donc la volonté !

Qu'elle commence son émancipation par la commune. Que tout ce qui est le propre de l'administration communale soit décidé par cette administration reconstituée d'après ce principe : les membres de la nation faisant sans mandataires tout ce qu'ils peuvent faire. Que tous les mandataires élus aient une responsabilité sérieuse. On ne pourra répondre à un reproche : « C'est la faute du préfet, » mais nous pourrons demander compte d'un abus à l'officier municipal ou au conseiller notre voisin.

Du temps, c'est de l'argent. Combien notre

vieille machine administrative nous en fait perdre, changeons-la le plus vite possible : nous avons tant à faire. Comme exemple je parle de nos chemins. Peu de contrées en Europe en ont en pareil état, cela par une mauvaise classification.

La classification rationnelle serait d'avoir des routes nationales, départementales, cantonales et communales, et de laisser entièrement l'administration de ces différentes voies à la nation, au département, au canton et à la commune.

III.

Organisation judiciaire.

Art. 12. Il est établi un tribunal civil et correctionnel par canton, composé d'un juge nommé tous les ans par l'Assemblée cantonale. Ce juge sera assisté de trois jurés.

Art. 13. Il est établi un tribunal d'appel par département. Il sera composé de juges nommés tous les ans par l'Assemblée départementale.

Les juges d'appel sont assistés de jurés dont un par canton.

Art. 14. Il est établi pour toute la Nation une haute Cour nationale de justice et de cassation dont les membres seront nommés tous les ans par l'Assemblée nationale. Elle sera assistée de jurés dont un par département.

Art. 15. Les noms des jurés des tribunaux seront indistinctement tirés au sort parmi ceux de tous les membres de la Nation.

Selon les vœux déjà exprimés par le Tiers-Etat, en 89, les juges seraient nommés chaque année par la Nation et assistés de jurés.

Cette nomination à court terme semblera naturelle quand on la comparera à celle des ingénieurs, mécaniciens ou employés de l'industrie privée qui occupent toujours leurs emplois, tout en pouvant être continuellement révoqués. Les juges pourront être renommés indéfiniment ; leur retraite sera servie par la caisse des retraites, d'après la retenue faite sur leurs appointements sur chaque année d'activité.

Quels sont les bûcherons qui viendront un jour déblayer et aménager ces immenses forêts que l'on appelle des Codes ! Il y a poussé, depuis des siècles, des arbres de toutes espèces. Il en pousse encore d'étranges chaque jour. Il faut s'instruire pour connaître cette forêt. Quant à savoir distinguer le juste de l'injuste, tous ceux qui ont une conscience peuvent le faire. Donc pour tout des jurés décidant entre ce qui est bien et mal et des magistrats appliquant la loi. Les jurés pris indistinctement sur la liste des membres de la Nation. Il est vrai que si les législateurs font une loi contraire au droit, le juré ne l'appliquant pas, cette loi sera sans valeur ; l'on ne pourra plus condamner des gens sans raison.

VI.

Dispositions additionnelles.

1° Toute personne occupant une fonction nationale a droit à une indemnité proportionnelle à son travail et à son déplacement.

L'indemnité nationale ne devrait pas dépasser, à Paris et en province, la forte moyenne de la journée de l'ouvrier pour les députés, les membres des assemblées départementales, les hauts jurés et les jurés départementaux qui recevraient seuls une indemnité. Les membres des assemblées cantonales et communales et les jurés de canton exerçant chez eux sans déplacement des fonctions qui sont la vie même des citoyens n'ont droit à aucune indemnité.

Les juges et les fonctionnaires civils, militaires et de l'instruction publique seraient payés selon les fonctions qu'ils occuperaient.

Sans indemnité nationale aux députés, aux membres des assemblées départementales, aux hauts jurés et aux jurés départementaux, on ne peut établir la vraie démocratie.

On se fait illusion sur ce que cette indemnité coûterait à la Nation. Ces citoyens devraient pouvoir se rendre à leur poste, par les chemins de fer, d'après un tarif de faveur comme le soldat. En portant à 10 francs chaque jour l'indemnité du haut juré et à 20 fr. celle du député, le total n'égalerait pas encore la dotation de simples princes. En mettant à 5 francs l'indemnité journalière du juré et du conseiller départemental pour cent citoyens, on aurait 500 francs et pour trente jours, durée moyenne des sessions d'une année, cela ne ferait que 15,000 francs par déparment, que l'on retrouve largemént par la suppression des sous-préfectures. On reste encore bien loin des 212,000 francs qu'un préfet de l'Empire pouvait dépenser sans contrôle.

Art. 2. *Toutes les lois réglementant la liberté de la presse et le droit de réunion sont abolies. Les crimes et les délits commis dans les réunions publiques, politiques et religieuses ou par la presse seront jugés selon le droit commun.*

La meilleure loi qui puisse réglementer la liberté de la presse, la liberté religieuse et le droit de réunion est celle qui abolit toutes les lois faites à ce sujet et qui laisse sous la juridiction ordinaire les délits et les crimes commis par ces moyens.

Art. 3. *Les impôts seront prélevés selon les revenus et sur les produits qui ne sont pas de première nécessité.*

Les impôts doivent être prélevés proportionnellement sur les revenus nets.

Les successions étant un des revenus qui ne demande pas de travail, les successions, surtout celles importantes et provenant de personnes non unies ou unies faiblement par le sang doivent, d'après toutes les législations, un impôt plus élevé.

Quant aux impôts sur les produits, un gouvernement national doit avoir pour premier but de permettre de se procurer ce qui maintient la force et la santé à tous les citoyens.

Ce but ne peut être atteint que s'ils ont une nourriture substantielle et hygiénique. Ainsi, par l'impôt ne pas entraver la consommation nécessaire de cette nourriture, en entraver seulement les excès ; rendre plus difficile à se procurer ce qui est nuisible.

Ainsi donc, le pain, la viande, les légumes, le poisson, la bière, les vins ordinaires, surtout consommés comme nourriture, devraient être exempts de tout droit. Le vin, parce qu'il contient ce qui permet de digérer les aliments les moins nutritifs et qu'il complète ce qu'il leur manque, le vin qui influe sur l'originalité de notre nation. Boisson qu'un bon gouvernement peut permettre à chaque ouvrier de se procurer et que l'on est forcé de changer leur forte partie en poison, en alcool, pour ne pas la perdre entièrement.

Le sucre, le café, la chicorée, objets de consommation d'une nécessité moins absolue, pour ceux qui ont le vin à bon marché, et dont on ne peut faire un mauvais usage, ne devraient acquitter que de légers droits, les vins fins et autres consommations de luxe, être plus taxés ainsi que les alcools et autres boissons débitées sur place au lieu d'être consommées au sein de la famille ou au repas.

Les débitants de boissons sont encore astreints à une autorisation administrative comme si tous les citoyens ne devraient pas être égaux devant la loi du moment où ils paient l'impôt. Si l'on juge que les débits sur place devraient être moins nombreux que l'on augmente le prix de la licence. Avec moins de débits, la police et l'exercice se feront avec plus de facilité.

Jusqu'ici, les objets destinés au vêtement n'ont guère payé d'impôt et cependant les soieries, les dentelles, les draps fins, pourraient donner un certain revenu.

Quant aux produits d'une consommation générale, s'il est juste de taxer les cartes à jouer, le tabac, les allumettes chimiques, pourquoi ne pas imposer les bijoux d'or et d'argent, qui retirent de la circulation des métaux qui y sont nécessaires, les voitures de luxe. Si on croit devoir imposer les produits destinés à l'éclairage, ils ne peuvent être frappés que de droits très minimes.

A part les forêts, qui ne paient presque rien, la propriété foncière paie ce qu'elle peut, mais le *capital mobilier* doit être atteint comme le foncier.

Il en est de même de la transmission de n'importe quelle propriété non foncière.

Les appointements ou revenus qui ne proviennent pas de la propriété, appointements ou revenus supérieurs au nécessaire doivent encore être taxés.

Mais gardons nous d'imposer de droits élevés des matières premières ou objets de consommations de première nécessité, tels que charbons, bois, fers, etc. Par cela nous tuerions notre industrie qui ne pourrait soutenir la concurrence.

Ainsi de ce qui précède :

Les vins ordinaires, les cidres, la bière, ne devraient payer qu'un faible droit de contrôle. Ce droit serait établi au lieu de production, de façon à en rendre le commerce et la circulation facile, afin que tout ce qui est produit, soit consommé. Les vins fins, les alcools, les liqueurs peuvent être largement taxés.

La chicorée qui est déjà taxée à l'entrée de droits qui en rendent l'introduction impossible et qui, par les impôts adoptés, le serait encore de 30 fr. par 100 kilog., l'est hors de toute proportion. La chicorée grasse valait 34 fr. les 100 kil. avant les impôts. Le prix s'en trouve plus que doublé par l'impôt et la difficulté de s'en procurer en France.

Une atténuation des droits sur les sucres et les cafés, serait aussi nécessaire.

Il en est de même du pétrole. L'élévation outrée des droits en entravera la consommation au profit d'autres moyens d'éclairage sur lesquels il est difficile de percevoir et qui, par cela, ne pourront être taxés.

Les impôts sur les objets de luxe, de jeux, sur

le capital mobilisé, le revenu sur les successions les impôts augmentés sur les forêts peuvent remplacer en partie ceux proposés sur les matières premières qui ne peuvent être taxés sans danger que d'un ou deux pour cent.

L'introduction de ce qui est destiné à l'alimentation doit être libre.

La France subit en ce moment les charges pénibles et humiliantes de l'occupation. Cette occupation ne cessera que lorsque le vainqueur aura reçu ce qui nous a été imposé. Ce paiement est une lourde charge pour tous; il faut que cette charge soit acceptée par tous avec patriotisme. Que ceux qui sont forts soient assez généreux pour en porter la part la plus lourde, ils éviteront de nouvelles divisions, et ils montreront un noble exemple.

Qu'aussi les gouvernants qui par légèreté d'esprit ont fait éprouver à la nation un aussi grand dommage en soient responsables.

—

Il est peu parlé de questions sociales dans cette étude de constitution nationale, par cette raison : la nation doit chercher à établir véritablement, par les moyens les plus directs, le gouvernement du pays par le pays. Le souverain peut être ce qu'il veut. Celui qui attend les améliorations les plus justes et les meilleures de la volonté des autres attend longtemps.

Si on pouvait arrêter un jour notre budget des dépenses à 1,000 millions, comme il était autrefois, au lieu de le laisser monter à deux milliards et demi, au bout de cinq ans, nous pourrions payer tous nos frais de guerre et donner le pain quotidien à quatre millons de citoyens malheureux.

Nous ne guérirons cette plaie sociale, la misère, qu'en ne faisant des dépenses reproductives qui augmentent la richesse nationale, richesse qui serait reproduite pour être appliquée au besoin des masses. Il faut en outre supprimer les monopoles qui empêchent la libre circulation et distribution de cette richesse.

On ne peut trop espérer tant que la partie du budget qui pourrait faire disparaître la misère sera engloutie par des dépenses d'armées ; tant que les parties les plus valides des nations devront rester l'arme au bras, par crainte de ces tueurs d'hommes que l'on applle rois et empereurs. Comme d'une conflagration générale, causée par des despotes, il en est résulté une misère sans pareille, une confédération démocratique, c'est-à-dire la République universelle peut seule donner le bien-être aux populations.

Un certain nombre de mes amis politiques, ayant lu cette étude publiée dans le *Guetteur*, m'ont engagé à porter ma candidature à la Constituante afin de faire prévaloir ce que je propose.

Les élections ayant été fixées alors au 15 octobre, — ne croyant pas qu'une Constitution pût se reunir hors de Paris, — j'adressais à mes compatriotes la circulaire suivante :

Aux électeurs du département de l'Aisne

Citoyens,

Depuis vingt ans j'ai combattu pour hâter l'avènement de la République en France. Au moment où la République court les plus grands dangers, je vous prie de me confier un poste où je crois pouvoir lui être utile.

Pour moi, l'Assemblée qui va se réunir devra être plutôt un Comité de salut public qu'une Constituante.

Comité de salut public, non pour proscrire, mais pour organiser la défense et sauver la Patrie.

Une Constituante ne peut se réunir que dans la capitale qui, aujourd'hui, donne un aussi noble exemple de patriotisme. Une grande partie des citoyens français combattent l'étranger qui envahit la France.

L'Assemblée future ne doit avoir qu'un but, aider les combattants à remporter la victoire.

Après le triomphe, nous leur dirons : Frères, vous avez sauvé la Nation, entendons-nous pour la reconstituer.

Mondrepuis, le 11 octobre 1870.

J'ajoutais lors de la publication de la première édition de cette brochure qui parut à St-Quentin juste au moment où la ville était envahie :

« Quand nos énergiques défenseurs nous auront procuré la paix, j'espère revenir devant le corps électoral du département de l'Aisne

» J'ai dit franchement dans cette brochure ce que je pense, ce que je désire.

» Selon moi, la République est le seul gouvernement du droit, si la République succombait je recommencerais la lutte d'autrefois contre toute forme de gouvernement monarchique.

» Les d'Orléans ou les Bourbons restaurés, devraient forcément opprimer comme les Bonapartes.

Je veux la République, non pas aristocratique, non pas bourgeoise, ni anarchique, mais nationale; c'est-à-dire que je désire que le plus modeste ouvrier, comme le plus fortuné des propriétaires, puisse prendre sa part dans la direction des affaires publiques, et défendre les intérêts de tous.

L'ouvrier qui, par son travail, crée tous les produits qui nous sont nécessaires, et meurt quand il le faut pour la défense du pays, ne peut être, en politique, un ilote chargé de déposer parfois un bulletin dans une urne.

Il doit être un citoyen, un membre souverain de la nation.

Telle serait sa condition si la France se donnait une Constitution vraiment nationale.

Le peuple, courbé depuis si longtemps sous la plus despotique et la plus avilissante des organisations politiques, peut être souverain, qu'il se donne donc les droits d'un souverain. Par les maux qu'il souffre en ce moment, il peut apprécier quelles ont été les conséquences fatales de l'abandon de ses droits.

Surtout, que le peuple sache bien qu'il ne suffit pas de remplacer le faîte d'un édifice en ruine et de rebadigeonner ses murs d'une autre teinte pour en faire un bâtiment neuf. Il est préférable, quand cela est absolument nécessaire, comme en ce moment, de rebâtir entièrement. C'est-à-dire qu'il ne suffit pas que Napoléon soit parti pour que l'organisation politique de l'empire puisse être bonne. Les hommes et les institutions qui ont particulièrement causé nos effroyables malheurs doivent être radicalement changés.

Alfred DESMASURES.

AVIS

La **Bibliothèque de propagande républicaine** a surtout pour but de faire connaître à ses lecteurs les principales questions qui intéressent les Républicains : à ce titre, nous faisons appel au concours dévoué de tous les démocrates sérieux. Nous céderons les exemplaires de cet ouvrage aux prix suivants :

Par **100** ex. pris ensemble. **15** fr.

Par **500** ex. — **12** fr. le cent.

Par **1,000** ex. — **10** fr. le cent.

VOLUMES EN VENTE :

Les Scandales du bonapartisme, 1 vol. 20 c.

Les d'Orléans, 1 vol. . . . . . . 20 c.

Le Cahier d'un Paysan, 1 vol. . . . 20 c.

Catéchisme républicain, 1 vol. . . 20 c.

Lettre à mon député, 1 vol. . . . . 20 c.

La France et ses médecins, 1 vol. . . 20 c.

Un gouvernement républicain, s. v. p.

1 vol. . . . . 20 c.

Saint-Quentin. — Imp. Ch. POETTE.